D1750708

Matthieu de Laubier · Marie Aubinais · Gwénaëlle Boulet · Catherine Proteaux

Wie geht die Welt?

Hundert Kinderfragen

gabriel

Das sollten deine Eltern lesen,
bevor ihr gemeinsam dieses Buch anguckt:

Paul, die Hauptperson in diesem Buch, ist ein ganz normales Kind. Er betrachtet die Welt mit neugierigen Augen, er interessiert sich für alles und stellt Fragen zu den unterschiedlichsten Themen. Fragen, die Ihnen Ihr Kind vielleicht auch schon einmal gestellt hat.

Die Antworten von Pauls Eltern und anderen Erwachsenen und die weiterführenden Seiten zu jedem Kapitel am Schluss des Buches sollen Ihnen helfen, die richtigen Worte im Gespräch mit Ihrem Kind zu finden.

Denn alle Erwachsenen, die mit Kindern zu tun haben, bekommen irgendwann Fragen gestellt, auf die sie überhaupt nicht vorbereitet sind.

Für Kinder ist es sehr wichtig, dass man mit ihnen auch über schwierige Themen spricht, zum Beispiel über die Unterschiede zwischen den Menschen, über Gewalt und Ungerechtigkeit. So erfahren sie, wie schön es ist, gut miteinander auszukommen.

Kinder denken tiefgründig über das Leben nach. Sie fühlen sich ernst genommen, wenn wir möglichst ehrlich mit ihnen über ihre Fragen sprechen.

Inhalt

Weshalb sind wir nicht alle gleich? 7

Warum tun wir uns gegenseitig weh? 23

Wo war ich, bevor ich geboren wurde? 39

Warum kann ich nicht immer das tun, was ich will? 55

Warum habe ich manchmal Angst? 71

Wie ist die Welt entstanden? 87

Was ist ungerecht? 103

Wieso soll ich in die Schule gehen? 119

Warum gibt es Menschen, die kein Zuhause haben? 135

Warum gibt es böse Menschen? 151

Hat jeder einen Papa? 167

Wie ist das mit dem Tod? 183

Für die Eltern 199

Weshalb sind wir nicht alle gleich?

Eines Tages fragt Paul seine Lehrerin:

Warum sind wir nicht alle gleich?

Stell dir das doch nur mal vor. Wie schrecklich. Dann hätte keiner mehr etwas Besonderes. Das wäre wirklich furchtbar langweilig.

Wenn wir alle gleich wären,
würden wir uns bald sehr langweilen.

Auf dem Weg nach Hause fragt Paul seine Mama:

Warum haben wir nicht alle die gleiche Farbe?

Weil wir aus unterschiedlichen Ländern kommen.
Und weißt du, Paul, nicht nur die Hautfarbe unterscheidet uns. Du hast zum Beispiel blaue Augen und ich habe braune, obwohl ich deine Mama bin.

Jeder ist ein Original. Keiner sieht aus wie der andere, auch innerhalb einer Familie nicht.

Auf der Straße fragt Paul seine Tante:

Warum machen manche Leute alles ganz anders als wir?

In anderen Ländern oder anderen Familien haben die Menschen andere Gewohnheiten. Vielleicht gibt es auch welche, die sich fragen: Warum macht Paul alles ganz anders als wir?

Es gibt viele richtige Arten zu leben
und man kann ruhig noch ein paar neue dazuerfinden.

Eines Nachmittags fragt Paul seinen Vater im Park:

Warum kann ich manchmal Leute nicht leiden, die anders sind?

Wir müssen nicht jeden lieb haben. Aber wenn wir friedlich miteinander leben wollen, müssen wir auch mit Menschen auskommen, die wir nicht so mögen.

Es gibt Unterschiede, die uns ärgern,
und solche, über die wir uns freuen.

In der Stadt fragt Paul seine Mama:

Wie hält es dieser Junge aus, nicht laufen zu können?

Für ihn ist das Leben schwieriger. Aber auch er mag manche Dinge und andere nicht, wie du auch. Und wenn du ihn besser kennen würdest, könnte er vielleicht dein Freund sein.

Manche müssen ohne Beine zurechtkommen,
aber niemand kann ohne Freunde leben.

Beim Zeichnen in der Schule fragt Paul:

Warum kann Anton so toll Bäume malen und ich nicht?

Zum Glück malt ihr nicht alle wie Anton. Dafür kannst du besonders gut Männchen malen. Und am Schluss kommt ein richtig tolles gemeinsames Kunstwerk dabei heraus.

Jeder kann etwas anderes besonders gut
und so hilft man sich gegenseitig.

Eines Sonntags sagt Paul zu seinem Vater:

Alex ist mein Lieblingsvetter. Werde ich später mal so werden wie er?

Nein, du wirst immer anders sein als er. Du bist du, und das ist gut so. Unsere Welt ist so interessant, weil darin so viele unterschiedliche Menschen leben.

Keiner ist wie der andere.
Das ist ein großes Glück, denn so ist jeder wichtig!

Warum tun wir uns gegenseitig weh?

Eines Abends sitzt Pauls Papa vor dem Fernseher.
Leise kommt Paul zu ihm und fragt:

Papa, warum gibt es eigentlich Kriege?

Weil es Menschen gibt, die immer die stärkeren sein wollen.
Sie kommandieren andere herum und zwingen sie dazu, nur das zu tun, was sie wollen.

Es gibt immer Menschen, die alles bestimmen wollen.

Am Morgen hat es in der Schule eine Schlägerei gegeben und Paul fragt seine Mama:

Wenn man mich haut, dann darf ich doch zurückhauen, oder?

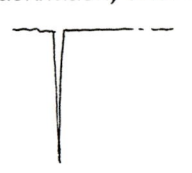

Weißt du, Paul, wer zurückhaut, will nicht aufhören zu streiten. Und wenn Menschen immer härter zurückschlagen, können auch Kriege entstehen.

Ich verhaue dich, du verhaust mich.
So hört das niemals auf.

Am nächsten Morgen beim Frühstück:

Wenn man mich haut, darf ich mich dann nicht wehren?

Doch, natürlich darfst du dich wehren. Niemand darf dir wehtun. Wenn man sich nicht wehrt, setzen sich immer die Stärkeren durch. Und sie sind nicht im Recht, nur weil sie stärker sind.

Natürlich darfst du dich wehren!

Heute fährt Papa Paul zur Schule.
Paul fragt:

Findest du nicht, dass es den Starken besser geht als den Schwachen?

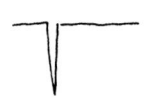

Weißt du, wenn die Starken nur stark sind, weil sie andere verhauen, dann sind sie bald ziemlich allein und überhaupt nicht glücklich.

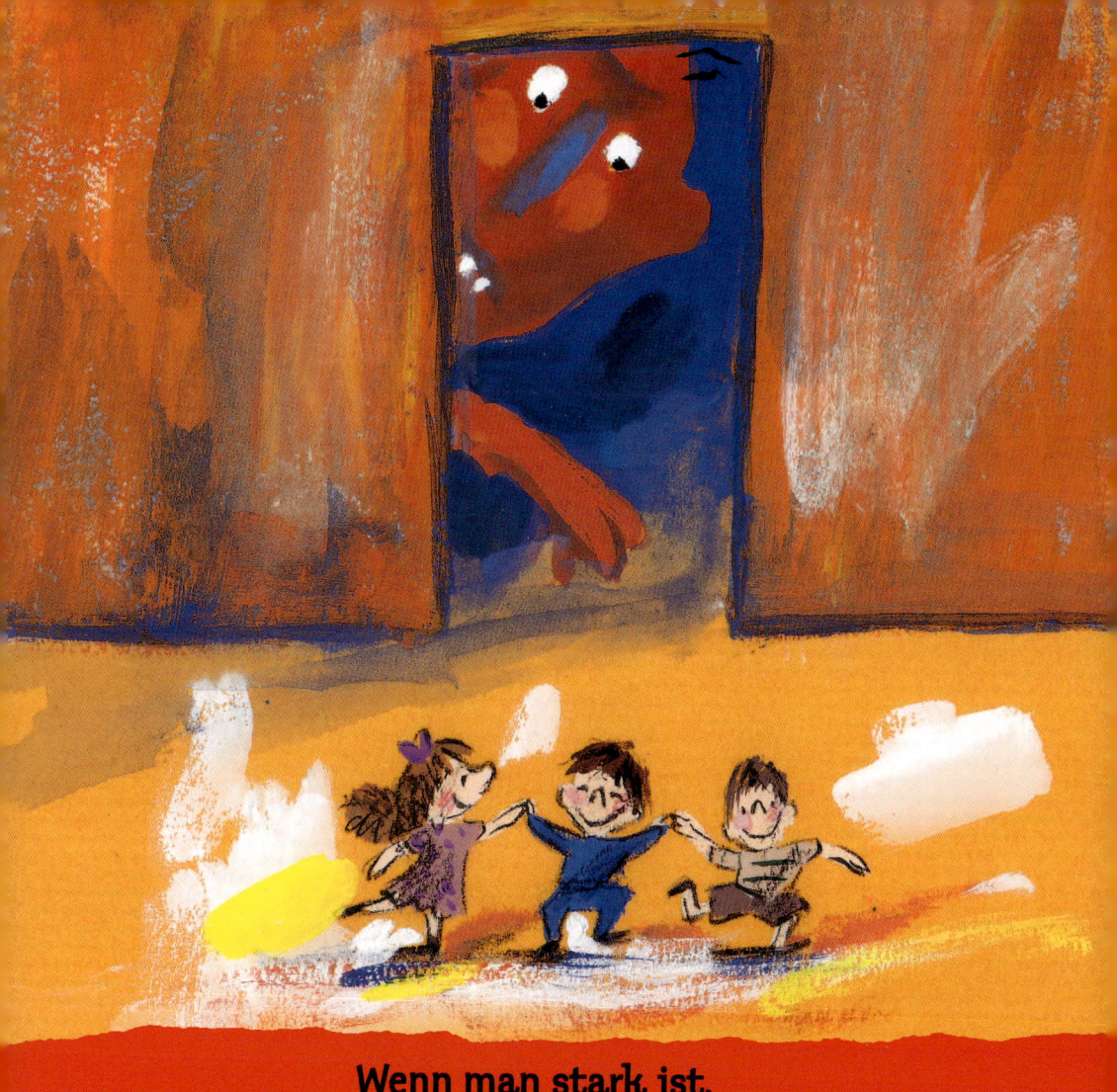

Wenn man stark ist,
ist man manchmal auch sehr allein.

Am Nachmittag fragt Paul:

Mama,
wenn man klein ist
und schwach, wie wird
man dann stark?

Starksein hat nicht nur
etwas mit Muskeln zu tun.
Worte können auch stark sein.
Du kannst dich mit Worten
streiten und vertragen.

**Mit Worten können wir uns streiten
oder uns vertragen.**

Auf dem Weg zur Schule:

Was mache ich,
wenn der, der mich haut,
mir nicht zuhören will?

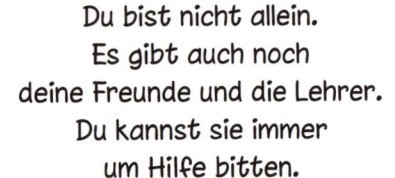

Du bist nicht allein.
Es gibt auch noch
deine Freunde und die Lehrer.
Du kannst sie immer
um Hilfe bitten.

Du bist nicht allein.
Du kannst dir helfen lassen.

Vor dem Schlafengehen:

Ich finde es sehr schwierig, mich nach einem Streit wieder mit jemandem zu vertragen.

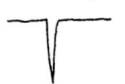

Ja, dazu brauchen wir Mut. Aber wenn es gelingt, dann macht uns das sehr glücklich. Wir sollen uns nämlich nicht gegenseitig bekämpfen, sondern uns gern haben.

Sich wieder vertragen tut gut.

Wo war ich,
bevor ich
geboren wurde?

Eines Nachmittags sitzt Paul mit seiner Mutter auf dem Sofa:

Mama, wie war ich, als ich klein war?

Als du geboren wurdest, warst du ein kleines Baby. Nicht größer als so. Und du hattest schon ganz viele Haare, ein richtiger kleiner Igel warst du.

Alle Männer und Frauen auf der Welt
waren am Anfang ganz kleine Babys.

Und wo war ich, bevor ich geboren wurde?

Vor deiner Geburt hattest du es schön warm in meinem Bauch. Du bist gewachsen und gewachsen und nach neun Monaten, als du groß genug warst, um draußen zu leben, bist du auf die Welt gekommen.

Die Geschichte eines Babys
beginnt im Bauch seiner Mama.

"Wie bin ich denn in deinen Bauch gekommen?"

"Wenn ein Papa und eine Mama sich sehr lieben, dann schlafen sie miteinander. In diesem Moment kommt ein kleiner Samen des Papas in den Bauch der Mama. Und so beginnt das Leben eines Babys."

Babys werden mit Liebe gemacht.

Wo war ich, bevor ich in deinem Bauch war?

Da gab es dich noch nicht so, wie es dich jetzt gibt. Eines Tages haben dein Papa und ich angefangen von den Kindern zu sprechen, die wir uns wünschen. Da wussten wir noch nicht, dass du einmal unser Kind sein würdest, aber du warst schon ein bisschen da, in unseren Gedanken.

Die Eltern träumen schon von ihren Babys,
bevor es sie gibt.

Etwas später kommt Pauls Vater nach Hause. Paul fragt:

Papa, wie hast du dir mich vorgestellt, bevor ich geboren wurde?

Ich wusste nicht, ob du ein Junge oder ein Mädchen sein würdest, ob blond oder dunkelhaarig. Aber ich habe viel an dich gedacht. Dann wurdest du geboren und wir haben so über dich gestaunt und konnten uns gar kein anderes Baby mehr vorstellen als dich.

Über ein Kind freut man sich, so wie es ist.
Man sucht es sich nicht aus wie ein Spielzeug.

Und das allererste Baby,
wer hat das gemacht?

Das weiß niemand.
Man weiß nur, dass vor langer, langer Zeit
die Fische die einzigen Lebewesen
auf der Welt waren. Und manche von ihnen
haben sich immer wieder verändert,
bis daraus schließlich Menschen wurden,
die denken konnten.

Es hat sehr lange gedauert,
bis die Menschen entstanden sind.

Aber wie ist das Leben auf die Welt gekommen?

Ich weiß es nicht. Die Wissenschaftler verstehen immer besser, wie unser Körper funktioniert, die Natur und das Weltall ... Aber sie wissen nicht, wie das Leben auf die Welt gekommen ist. Vielleicht ist es ein Zufall. Ein glücklicher Zufall.

Ich glaube an Gott. Ich glaube, dass er das Leben erschaffen und uns geschenkt hat.

Niemand weiß, warum das Leben entstanden ist.
Viele Menschen glauben, dass Gott es uns geschenkt hat.

Warum kann ich nicht immer das tun, was ich will?

Heute ist Paul in der Schule überhaupt nicht zufrieden:

Warum kann ich eigentlich nicht alles sagen, was ich will?

Du kannst alles sagen, was du willst, aber keine Wörter, die den anderen wehtun wie Schläge.

Schlimme Wörter tun anderen weh.

Bei seiner Großmutter fragt Paul:

Oma, warum willst du eigentlich, dass ich immer „danke" sage?

Wenn du nie „danke" sagst oder „guten Tag",
dann habe ich das Gefühl,
du beachtest mich nicht.
So, als wäre ich überhaupt nicht wichtig für dich.

Unhöfliche Menschen tun so,
als wären sie allein auf der Welt.

Paul wartet mit seinen Eltern in der Schlange vor dem Kino:

Warum drängeln wir uns nicht vor, so wie der da?

Stell dir mal vor, was das für ein Riesen-Gedränge gäbe, wenn das alle machen würden. Zum Glück gibt es Regeln, wie wir uns verhalten sollen.

**Im Leben ist es wie in einem Spiel,
die anderen werden sauer, wenn einer mogelt.**

Pauls Papa sieht am Abend fern. Paul fragt:

Mama, warum kann ich nicht immer machen, wozu ich Lust habe?

Jeder von uns sollte aufpassen, dass er den anderen nicht stört.

Wenn jeder nur das macht, wozu er gerade Lust hat, kann es passieren, dass er die anderen stört.

Am Abend, als es Zeit ist schlafen zu gehen:

"Ab ins Bett, Paul!"

"Warum muss ich immer auf die Großen hören?"

"Das geht allen Kindern so. Mamas und Papas kennen das Leben besser als die Kinder, weil sie schon viel länger auf der Welt sind. Wenn sie ihnen sagen, was sie machen sollen, dann helfen sie ihnen dabei, groß zu werden."

Die Großen zeigen den Kleinen den Weg.

Paul geht mit seinem Vater spazieren:

Papa, wenn ich groß bin, kann ich dann alles machen, was ich will?

Wenn du groß bist, kannst du alles allein entscheiden. Aber du wirst sehen: Manchmal machen einen die Sachen am glücklichsten, zu denen man erst gar keine Lust hatte.

Die wirklichen Schätze
sieht man oft nicht auf den ersten Blick.

Im Park fragt Paul:

Warum sind so viele Sachen verboten?

So viele sind das doch gar nicht. Es gibt viel mehr Sachen, die erlaubt sind!

BLUMEN PFLÜCKEN VERBOTEN!

Es ist toll,
was man alles darf, wenn man die Regeln kennt!

Warum habe ich manchmal Angst?

Paul geht durch die Stadt:

Hilfe!
Ich habe Angst vor Hunden!
Nur nicht vor Lulu,
dem Hund von Oma.

Ich habe Angst vor Mäusen.
Ganz schön dumm, was?
Aber es ist auch normal: Jeder
fürchtet sich vor irgendetwas.

Angst zu haben ist ganz normal.
Jeder hat vor irgendetwas Angst.

Paul liegt in seinem Bett:

Mama, ich habe Angst im Dunkeln.

Ich mache das Licht im Flur an, dann siehst du, dass es in deinem Zimmer keine Wölfe und keine Monster gibt.

Was uns am meisten Angst macht,
haben wir uns oft selbst ausgedacht.

Paul ist zu einem Fest eingeladen:

Ich trau mich nicht
dahin zu gehen.
Da kenn ich doch keinen!

Es ist nicht schlimm,
wenn du Angst hast.
Aber du wirst die Angst
am schnellsten los,
wenn du dich traust,
die anderen kennen zu lernen.

Wenn die Angst zu groß wird, kann es sein,
dass wir die schönsten Überraschungen verpassen.

Paul geht mit seinem Vater spazieren:

Ich würde gerne sehen, was da unten ist, aber ich habe ein bisschen Angst.

Wie gut, dass du Angst vor dem Abgrund hast. Es ist sehr gefährlich hier. Geh also nicht zu nah heran.

Es ist manchmal sehr gut, wenn wir Angst haben.
Sie schützt uns vor Gefahren.

Paul ist mit seinem Vater im Schwimmbad:

Früher hatte ich Angst
vor dem Schwimmen.
Jetzt habe ich
überhaupt keine Angst mehr.

Das ist toll, Paul.
Du hast schwimmen gelernt,
weil du dich getraut hast.
Du kannst stolz auf dich sein!

Wenn man seine Angst überwindet,
kann man große Fortschritte machen.

Eines Tages auf dem Spielplatz:

Ich hab ein bisschen Angst auf die große Rutsche zu gehen.

Du schaffst das, Paul. Da bin ich ganz sicher. Probier´s einfach mal!

Wenn andere uns was zutrauen,
können wir der Angst eins auswischen.

Eines Abends in Pauls Zimmer:

Weißt du, Papa, ich will nicht einschlafen. Ich habe Angst, dass ein Vulkan ausbricht.

Keine Angst, Paul! Unter unserem Haus gibt es keinen Vulkan. Und ich bin da, um dich zu beschützen.

Wenn man den Mut hat, von seiner Angst zu erzählen,
dann wird sie sofort kleiner.

Wie
ist die Welt
entstanden?

Paul ist mit seinem Vater im Garten:

Papa, wie groß ist der Himmel?

Er ist unendlich groß. So groß, dass man niemals bis zum Ende fliegen kann. Darin gibt es Millionen Planeten. Und die Erde, auf der wir leben, ist nur einer davon.

Im Weltall ist die Erde so klein wie ein Sandkorn.

Am Nachmittag:

Mama, wie hat das Weltall angefangen?

Ganz am Anfang waren der Himmel, die Sterne und die Planeten ganz eng zusammengedrängt zu einer Kugel, so groß wie eine Orange.

Am Anfang war das Weltall ganz klein.

Vor dem Schlafengehen:

Aber Mama,
wie konnte das Weltall
dann so riesig werden?

Die Kugel ist explodiert. Peng!
Das nennt man den Urknall.
Seitdem wächst das Weltall
immer weiter, wie ein
Ballon, den man aufbläst.

Das Weltall wird immer größer.

Am nächsten Morgen beim Aufwachen:

Du, Papa, waren die Menschen ganz am Anfang auch winzig klein?

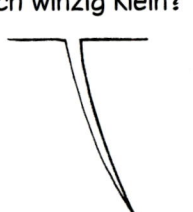

Am Anfang lebten noch gar keine Menschen auf der Erde. Nur im Wasser gab es Leben, zuerst die Algen, daraus wurden Fische und schließlich entstanden die Menschen.

Alles Leben hat im Wasser begonnen.

Beim Frühstück:

Oma, waren die ersten Menschen eigentlich Tiere?

Es gab und gibt viele Gemeinsamkeiten zwischen Tieren und Menschen, zum Beispiel säugen viele Tiere ihre Babys, genau wie die Menschen. Aber schon die ersten Menschen gingen auf zwei Beinen und haben viele Sachen erfunden. Und schließlich begannen sie, sich Fragen zu stellen. So wie du, Paul.

Die ersten Menschen
haben sich schon viele Fragen gestellt.

Am nächsten Tag:

Aber ganz, ganz am Anfang, vor dem Weltall, was war da?

Das weiß keiner genau. Ich glaube, dass es jemanden gibt, nämlich Gott, der die Welt so gewollt hat.

Vielleicht hat Gott die Welt gewollt
wie eine Mama ihr Baby.

Vor dem Schlafengehen:

"Aber warum gibt es das Weltall?"

"Vielleicht damit wir andere Menschen lieb haben können und selbst geliebt werden."

**Vielleicht wurde die Welt erschaffen,
damit die Menschen sich lieb haben können.**

Was ist ungerecht?

Eines Tages beschwert sich Paul bei seiner Lehrerin:

Das ist ungerecht!
Lukas hat alle
Stifte genommen.
Und ich habe keinen
mehr zum Malen.

Du hast Recht, Paul.
Die Stifte sind für euch beide da.
Lukas, teil die Stifte
bitte mit Paul!

Es ist nicht gerecht,
wenn jemand Dinge für sich behält, die für alle da sind.

Eines Tages, als sie in Urlaub fahren wollen, ist Paul sauer:

Warum ist das Auto kaputt? Das ist nicht gerecht. Ich will heute zu Oma fahren!

Stimmt, Paul, das ist ärgerlich. Aber das ist weder gerecht noch ungerecht. Das ist einfach so!

Wenn etwas schief geht,
dann ist das ärgerlich, aber nicht unbedingt ungerecht.

Eines Abends ist Paul mit seinem Vetter zusammen:

Warum hat Philip einen Dinosaurier und ich nicht? Das ist ungerecht!

Nein, Paul, das ist überhaupt nicht ungerecht. Dafür hast du die Ritterburg bekommen, die du dir zum Geburtstag gewünscht hast.

Gerechtigkeit bedeutet nicht,
dass alle unbedingt das Gleiche haben müssen.

Auf dem Schulhof ärgert sich Paul:

Lukas hat mehr Murmeln gewonnen als ich. Das ist ungerecht.

Stimmt, er hat mehr Murmeln als du. Aber er hat gespielt, ohne zu mogeln, und hat Glück gehabt. Das ist nicht ungerecht.

Beim Spielen ist es ganz normal, dass einer gewinnt.

Paul geht mit seinem Großvater spazieren:

Warum kann dieser Junge nicht alleine die Treppe hochsteigen? Das ist ungerecht.

Du hast Recht, Paul. Er hat es nicht so leicht. Aber man kann viele Sachen erfinden, um ihm zu helfen.

Wir müssen dem helfen, der Hilfe braucht.
Alles andere ist ungerecht.

Als er aus der Schule kommt, weint Paul:

Die anderen haben gesagt, ich hätte das kleine Mädchen geschubst. Dabei wollte ich ihr doch nur helfen.

Das ist wirklich ungerecht. Ich kann gut verstehen, dass dich das wütend macht.

Du darfst dich immer gegen Ungerechtigkeiten wehren,
aber du solltest dabei nicht selbst ungerecht werden.

Paul ist im Ferienlager:

Warum tust du das, Max?
Jan hat genauso das Recht
auf einen Nachtisch wie du.
Gib ihm bitte seinen Kuchen zurück.

Frau Müller,
der Max nimmt den Kleinen
ihren Nachtisch weg.

Wenn etwas Ungerechtes passiert,
kannst du einen Erwachsenen um Hilfe bitten.

Wieso soll ich in die Schule gehen?

Eines Morgens auf dem Weg zur Schule:

Warum kann ich nicht zu Hause bleiben, statt in die Schule zu gehen?

Weißt du, Paul, zu Hause kennst du doch schon alles. In der Schule ist alles neu und spannend, und du gewöhnst dich daran, mit anderen Kindern zusammen zu sein.

In der Schule gewöhnst du dich
an ganz unterschiedliche Menschen.

Paul fragt seine Mama:

Mama,
warum muss ich
in die Schule gehen?

In der Schule lernst du
ganz viele Sachen:
lesen, schreiben und rechnen,
malen und Musik machen,
erzählen und zuhören.
Das sind alles Dinge, die du
sehr gut gebrauchen kannst.

Was wir in der Schule lernen,
können wir später gut gebrauchen.

Paul schaut mit seiner Großmutter ein Buch an:

Oma, wozu soll ich lesen, schreiben und rechnen lernen?

Sieh mal, Paul.
Wenn du das gelernt hast, kannst du immer längere Geschichten lesen und vielleicht mal selber welche schreiben. Und du kannst deine Schätze zählen, deine Freunde und die Sterne ...

Wenn du lesen, schreiben und rechnen gelernt hast, kannst du später werden, was du willst.

Am Nachmittag fragt Paul seinen Vater:

Papa, wird mir die Lehrerin alles beibringen?

Die Lehrerin hilft dir beim Lernen. Das kann sie, das ist ihr Beruf. Und du kannst sie bei allem fragen.

Die Lehrerinnen und Lehrer helfen dir beim Lernen.

Unterwegs im Auto fragt Paul seine Mutter:

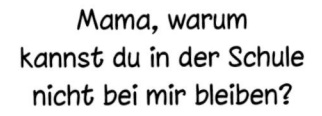

Mama, warum kannst du in der Schule nicht bei mir bleiben?

Ich bringe dich hin,
aber bleiben kann ich nicht.
Die Schule ist deine eigene Welt.
Dort wirst du neue Freunde finden.
Die Freunde helfen dir dabei,
dich schnell wohl zu fühlen.

In der Schule findest du neue Freunde.
Freunde sind besser als jedes Geschenk.

Paul geht mit seinem Vater spazieren:

Papa, bin ich eines Tages groß genug, dass ich in die Schule für größere Kinder gehen kann?

Na klar! Eines Tages bist du groß genug und willst neue Sachen lernen. Dafür ist die neue Schule dann genau die richtige.

Wenn man wächst, dann wächst die Schule mit.

Beim Abendessen fragt Paul:

Aber warum muss ich immer wieder in die Schule gehen?

Du wirst sehen, Paul, in der Schule gibt es immer wieder Überraschungen. Man erfährt dort alle möglichen erstaunlichen Dinge über das Leben und über sich selbst.

**In der Schule entdeckt man,
dass das Leben voller Überraschungen steckt.**

Warum
gibt es Menschen,
die kein Zuhause
haben?

Eines Tages, als sie aus dem Supermarkt kommen, fragt Paul:

Warum gibt es Menschen, die kein Zuhause haben?

Jeder sollte ein Zuhause haben. Aber eine Wohnung ist teuer. Vielleicht konnte der Mann seine nicht mehr bezahlen.

Jeder sollte ein Zuhause haben.

Beim Abendessen:

Warum kriegen die Menschen ohne Zuhause kein Geld?

Sie bekommen schon etwas, aber nur gerade genug zum Essen. Wenn man so wohnen will wie wir, braucht man eine Arbeit.

Jeder Erwachsene braucht Arbeit.

Als Paul in der Badewanne sitzt, fragt er:

Und warum haben sie keine Arbeit?

Es gibt Menschen, die keinen Beruf lernen konnten. Oder sie haben ihre Arbeit verloren. Und oft wurde ihr ganzes Leben durch ein Unglück auf den Kopf gestellt.

Ein Unglück kann
das ganze Leben durcheinander bringen.

Paul spielt mit seinem Papa:

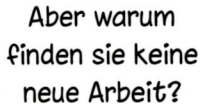

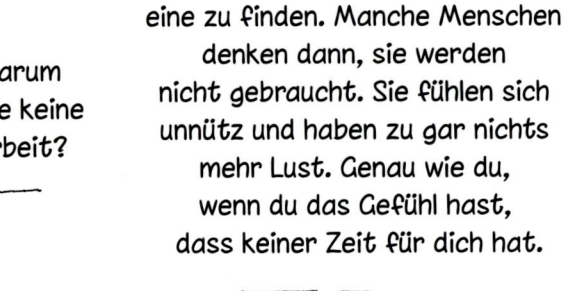

Aber warum finden sie keine neue Arbeit?

Weil es schwierig ist, eine zu finden. Manche Menschen denken dann, sie werden nicht gebraucht. Sie fühlen sich unnütz und haben zu gar nichts mehr Lust. Genau wie du, wenn du das Gefühl hast, dass keiner Zeit für dich hat.

Wenn wir uns unnütz fühlen,
haben wir zu gar nichts mehr Lust.

Beim Spazierengehen:

Warum kommen sie nicht zu uns, wenn sie kein Zuhause haben?

Es würde uns schwer fallen, alles zu teilen. Nur wenige Menschen können das.

Alles mit jemandem zu teilen,
den man gar nicht richtig kennt, ist nicht so einfach.

Auf dem Weg zur Schule:

Woher bekommen sie denn etwas zu essen und einen Platz zum Schlafen?

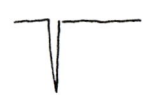

Sie schlagen sich durch, so gut sie können. Und es gibt Unterkünfte für sie. Dort sind Leute, die ihnen helfen und Mut machen.

Es gibt Menschen, die denen helfen, die gar nichts haben.

Am Abend vor dem Schlafengehen:

Und ich,
wie kann ich
ihnen helfen?

Du kannst sie freundlich
grüßen und ihnen zulächeln.
Und wenn du größer bist,
fällt dir vielleicht etwas ein,
wie man ihnen
wirklich helfen kann.

Mit einem Lächeln kannst du andere fröhlich machen.

Warum
gibt es
böse Menschen?

Eines Tages in der Schule fragt Paul:

Warum gibt es eigentlich böse Menschen?

Weißt du, Paul, im Leben ist es nicht wie in Zeichentrickfilmen. Da gibt es nicht auf der einen Seite die Guten und auf der anderen die Bösen. Es ist komplizierter ...

Wir Menschen sind nicht nur gut oder nur böse.
Oft sind wir ein bisschen von beidem.

Auf der Straße fragt Paul seine Mama:

Aber es gibt trotzdem richtig böse Menschen, oder?

Ja, es gibt Menschen, die wirklich böse Sachen machen. Und wir müssen alles tun, um sie davon abzuhalten.

Es ist böse, wenn man absichtlich einem anderen wehtut.
Wehtun kann man mit dem, was man tut oder sagt.

Am Nachmittag zu Hause:

Mama, warum ist Alexander immer so böse zu allen?

Ich weiß es nicht. Vielleicht glaubt er, keiner mag ihn. Und er will uns so zeigen: Ich bin auch noch da.

Wenn wir unglücklich sind,
fällt es uns manchmal schwer, nett zu sein.

Im Park:

Der Junge da nervt mich. Der kapiert überhaupt nichts. Ich würde ihn am liebsten verhauen!

Du musst nicht jeden lieb haben, Paul. Aber es bringt gar nichts, gemein zu sein.

Du kannst nett zu jemandem sein oder unfreundlich.
Das liegt ganz an dir.

Paul liest mit seinem Großvater ein Buch:

Opa, sag mal, werden die Bösen am Ende immer bestraft?

Normalerweise schon. Und die, die oft gemein sind, kann irgendwann niemand mehr leiden.

Wer gemein zu anderen ist,
ist vielleicht irgendwann ganz allein.

Auf dem Pausenhof:

Paul hat mich gehauen!

Aber sie hat angefangen. Ich darf mich doch wehren, oder?

Da bin ich nicht sicher, Paul. Wenn keiner nachgibt, kann ein Streit sehr lange dauern. So können sogar Kriege entstehen.

Wenn man immer böse zu dem ist, der böse zu einem war,
dann kann das lange so weitergehen.

Vor dem Schlafengehen:

Kann sich ein böser Mensch ändern?

Oh ja.
Wenn er eines Tages entdeckt, dass es ihm gar nicht gut geht, wenn er etwas Schlimmes tut, dann kann er sich ändern. Dafür ist es nie zu spät.

Es ist nie zu spät, freundlich zu sein.

Hat jeder einen Papa?

Während der Pause redet Paul mit anderen Kindern:

Was macht dein Papa?

Wenn ich groß bin, werde ich noch stärker als er.

Mein Papa ist Feuerwehrmann.

Und meiner ist sehr stark!

Kinder wollen gern so sein
wie ihre Väter oder ihre Mütter.

Am Abend schmust Paul mit seiner Mama:

Wir haben es so schön zusammen. Nur wir zwei!

Moment mal, Paul! Ich bin auch noch da und habe deine Mama schon lieb gehabt, bevor du geboren warst.

Lange bevor sie Kinder hatten,
haben sich die Mamas und Papas ineinander verliebt.

Am nächsten Tag in der Schule:

Ich mache alles wie mein Papa, und du?

Ich bin doch ein Mädchen! Wenn ich groß bin, werde ich wie meine Mama und du wie dein Papa.

Dein Papa oder deine Mama
kann ein Vorbild für dich sein.

Paul ist mit seiner Mutter im Auto unterwegs:

Warum haben manche Freunde von mir keinen Papa?

Jeder Mensch hat einen Papa. Ohne einen Papa kann eine Mama keine Kinder haben. Aber manchmal ist der Papa nicht mehr da.

Auch wenn manche Kinder ihren Papa nicht oder nicht so oft sehen, jeder hat einen Papa!

Paul geht mit seinem Papa spazieren:

Du, Papa, wirst du immer mein Papa sein?

Ja natürlich, Paul.
Nur wirst du eines Tages
nicht mehr mein kleiner Paul sein,
sondern mein großer Paul.
Und ich werde dein alter Papa sein.
Aber dein Papa
werde ich immer bleiben.

Kinder haben immer einen Platz
im Herzen ihrer Papas und Mamas.

Eines Abends ist Paul sehr unzufrieden:

Warum bestimmst du immer die Regeln?

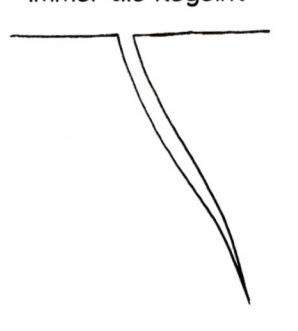

Ich habe die Regeln nicht erfunden. Aber Mama und ich sagen dir, was erlaubt ist und was nicht. Und manchmal sage ich: Stopp! Das gehört zu meiner Aufgabe als Papa.

Wenn die Papas oder Mamas etwas verbieten,
helfen sie ihren Kindern beim Erwachsenwerden.

Paul ist mit seinem Papa im Schuhgeschäft:

Papa, wenn ich groß bin, mache ich alles genau wie du!

Wenn du groß bist, sollst du das tun, was du willst, Paul. Du wirst bestimmt ganz anders als ich und hast dann dein eigenes Leben.

Alle Mamas und Papas möchten ihren Kindern dabei helfen, ihre Ideen und Träume zu leben.

Wie ist das mit dem Tod?

Eines Morgens geht es Pauls Fisch gar nicht gut:

Lass ihn, Papa,
er schläft.

Nein, Paul,
er schläft nicht.
Er ist tot.

Wenn das Herz nicht mehr schlägt, ist man tot.
Und wenn man tot ist, wacht man auch nicht mehr auf.

Eines Tages im Park:

Mama, wirst du eines Tages auch tot sein?

Ja, jeder stirbt einmal. Aber keine Sorge, das dauert noch sehr lange.

Alles, was lebt, stirbt einmal.
Nur das, was nicht lebt, stirbt nicht.

Eines Sonntags geht Paul mit seinen Eltern spazieren:

Wozu werden wir denn dann geboren, wenn wir doch wieder sterben?

Wir lernen so das Leben kennen, genießen das Schöne und entdecken die Welt.

Und jeder kann etwas dazu tun, dass das Leben auf der Erde schöner wird.

Jedes Leben ist etwas ganz Besonderes.
Und jeder Mensch hinterlässt seine Spur.

Eines Tages geht Paul mit seiner Großmutter zum Grab seines Großvaters:

Warum stellst du die Blumen dahin, Oma?

Weil ich an Opa denke. So kann ich zeigen, wie wichtig er mir immer noch ist.

Wenn jemand stirbt, vergisst man ihn nicht.
Man liebt ihn immer noch.

Eines Nachmittags
arbeitet Paul mit seiner Großmutter im Garten:

Warum ist Opa gestorben?

Weil er schon sehr alt war.
Weißt du, er hatte ein langes Leben.
Zuerst war er ein kleiner Junge,
dann ein junger Mann,
dann ein erwachsener Mann
und dann ein alter Herr.
Und dann hat er aufgehört zu leben.

Der Mensch verändert sich das ganze Leben lang.

Pauls Onkel und Tante sind zu Besuch gekommen:

Aber wo ist Opa jetzt? Ist er im Himmel?

Nein, nicht in dem Himmel mit den Wolken. Opas Körper ist unter der Erde zu Staub geworden.

Aber oft, wenn wir sagen, im Himmel, dann meinen wir, dass es vielleicht ein Leben nach dem Tod gibt.

Niemand weiß, was nach dem Tod ist.
Der Tod ist ein großes Geheimnis.

Paul ist mit seinen Eltern am Meer:

Oma sagt, sie wird Opa eines Tages wiedersehen. Stimmt das?

Das würde ich auch gerne ... Aber ich glaube nicht, dass nach dem Tod noch etwas kommt.

Ich vertraue auf Gott. Ich glaube, dass es ein Leben nach dem Tod gibt.

Jedes Leben ist ein Abenteuer. Wer an Gott glaubt,
vertraut darauf, dass es ein Leben nach dem Tod gibt.

Für die Eltern

Weshalb sind wir nicht alle gleich?

Unterschiede zwischen sich und anderen fallen Kindern bis zum Alter von drei bis vier Jahren gar nicht auf. Als man einen farbigen und einen weißen Jungen einmal fragte, was sie unterscheidet, antwortete einer: »Nichts ... ach doch, unsere Pullis sehen anders aus.«

Erst im Alter von fünf bis sechs Jahren, wenn ein Kind sich seines Körpers, seines Geschlechts und seiner Herkunft bewusst wird, bemerkt es, dass es sich von anderen unterscheidet. Das Kind entdeckt das »Gleiche, das doch nicht gleich ist«.

Das ist ein Grund zum Staunen, aber auch beunruhigend, denn nun beginnt das Kind sich selbst in Frage zu stellen.

Mit Behinderungen gehen kleine Kinder ganz natürlich um. Wenn sie einen behinderten Menschen von Geburt an kennen, nehmen sie die Behinderung oft jahrelang gar nicht wahr. Darum ist es wichtig, die Begegnungen zwischen behinderten und nicht behinderten Kindern möglichst selbstverständlich zu gestalten, damit die Persönlichkeit der Kinder im Vordergrund steht und nicht die Behinderung. So können sie echte Beziehungen zueinander aufbauen.

Unabhängig davon, mit welcher Art von Anderssein Kinder in Berührung kommen: Kinder sind unvoreingenommen.
Nach Axel Khan, Gentechnologe und Spezialist der Biotechnologie, kann man einem Kind deshalb gut vermitteln, den anderen nicht trotz, sondern wegen seines Andersseins zu schätzen. Eltern können ihr Kind außerdem dabei unterstützen, sein eigenes Anderssein, seine Einzigartigkeit auszudrücken.
Denn nur, wenn ein Kind dazu ermutigt wird, seine ganz individuellen Möglichkeiten auszuschöpfen, kann es sich zu einer eigenständigen, mitfühlenden Persönlichkeit entwickeln.

Warum
tun wir uns gegenseitig weh?

Konflikte können wir nicht vermeiden. Und auch in der Erziehung kann es nicht darum gehen, Kinder dazu zu bringen, Konflikte zu vermeiden. Sie sind ein notwendiger Bestandteil menschlicher Beziehungen.

Die Aufgabe der Eltern besteht darin, dem Kind früh zu vermitteln so mit der eigenen Aggressivität umzugehen, dass sie nicht in Gewalt umschlägt.

»Ein Kind muss einem anderen Kind zeigen können, dass es ihm zu nahe gekommen ist«, so der Erzieher Jean-Marie Petitclerc. »Wenn ein Kind überhaupt keine aggressiven Anteile hat, läuft es Gefahr, überrannt zu werden. Aber je genauer das Kind auszudrücken lernt, was es dem anderen gegenüber empfindet, zum Beispiel: ›Ich bin wütend auf dich, weil ...‹, umso eher kann es Gewalt vermeiden.«

So kann ein Kind seine gewaltlose Aggressivität wie eine Energie dazu nutzen, eine Lösung für den Konflikt zu finden. Nur wenn ein solches Konfliktgespräch mit Respekt und Toleranz

geführt wird, kann eine Lösung gefunden werden, die allen Beteiligten gerecht wird.
Schon kleine Kinder können diese Fähigkeit entwickeln, wenn man ihnen zu verstehen gibt, dass man ihnen das zutraut. Und die Erwachsenen können Kindern dabei helfen, indem sie selbst so mit ihren Konflikten umgehen beziehungsweise über ihre Schwächen offen reden.

Wo war ich,
bevor ich geboren wurde?

Drei ganz unterschiedliche Anliegen von Kindern können hinter dieser Frage stecken.

Das erste Anliegen hängt mit dem kindlichen Bedürfnis zusammen, in den Augen der Eltern wertvoll zu sein und das auch gesagt zu bekommen. Jedes Kind fragt sich, ob es den Vorstellungen der Eltern entspricht. Es hat das Bedürfnis, von den Eltern so angenommen und geliebt zu werden, wie es ist. Es möchte sicher sein, dass es ein »Wunschkind« ist.

Das zweite Anliegen hängt mit der Zeugung zusammen. Verträumtere Kinder wollen meist noch nicht so genau wissen, wie ein Baby »gemacht wird«. Aber manche Kinder, die rationaler veranlagt sind, stellen sehr früh präzise Fragen zum Zeugungsakt. Kinder sind eben unterschiedlich. Es ist nicht ganz einfach, ihnen die Zeugung auf eine Art und Weise zu erklären, die ihrem Alter und ihrer Persönlichkeit angemessen ist.

Einige Kinder haben unrealistische Vorstellungen, zum Beispiel dass man Kinder bekommt, wenn man sich küsst. Und oft lösen sie sich nur schwer von solchen Ideen. Diesen Kindern kann man ruhig die Zeit lassen, die sie brauchen, um sich von ihren Vorstellungen zu lösen. Manchmal stellt ein Kind zwar eine konkrete Frage, aber hört nicht unbedingt auf die Antwort, die man ihm gibt. Dies kann ein Zeichen dafür sein, dass ein Kind noch nicht weit genug für eine konkretere Antwort ist.

Das dritte Anliegen ist metaphysischer Natur. Das Kind fragt nach dem Ursprung der Menschheit.
Hier muss jeder Einzelne versuchen die richtigen Worte zu finden, wenn er mit seinem Kind darüber spricht, was er selber vermutet oder glaubt.
Jeder Mensch hat einen Anfang. Das betrifft jeden von uns und übersteigt dennoch unser Vorstellungsvermögen. Das ist das große Rätsel des Lebens.

Warum kann ich nicht immer das tun, was ich will?

Kinder möchten am liebsten nach dem Lustprinzip leben: Ich mache, was ich will, wann ich will.
Drei einfache Gründe sprechen jedoch dagegen:
    Die Welt ist voller Gefahren.
    Auch andere Menschen haben Bedürfnisse.
    Es gibt Wünsche, die unerfüllbar sind.
Diese Tatsachen sollten Kinder kennen und akzeptieren lernen, denn nur so ist ein Zusammenleben in Familie und Gesellschaft möglich.

Es ist wichtig, dass ein Kind seine Wünsche äußern kann, denn Wünsche sind auch ein Ausdruck von Lebensfreude. Aber nicht jeder Wunsch ist erfüllbar. Das akzeptieren Kinder, solange sie erklärt bekommen, warum es so ist, und sie nicht das Gefühl haben, dass der Erwachsene nach Lust und Laune handelt. Wenn man ihnen vermittelt, dass es Regeln gibt, die sie vor Gefahren schützen und ihnen dabei helfen, mit anderen auszukommen, ist es Kindern möglich, Verbote zu verstehen und zu respektieren.

Natürlich schränken Verbote ein. Aber sie können auch viele neue Wege eröffnen.
Der Theologe Xavier Thévenot erklärt diesen Zusammenhang so: »Eine Sache ist nicht deswegen schlecht, weil sie verboten ist, sondern sie ist verboten, weil sie schlecht ist. Nehmen wir zum Beispiel den Diebstahl: Das Gesetz verbietet ihn, weil man in ständiger Unsicherheit und letztendlich auch Gewalt leben würde, wenn jeder sich das Gut seines Nächsten aneignen würde. Das Verbot zeigt eine Sackgasse auf und lässt alle anderen Wege offen. Oder anders ausgedrückt: Wenn ich in einem Wald an ein Wegkreuz komme, dann sage ich meinem Kind: ›Diesen Weg verbiete ich dir, weil er zu gefährlich ist.‹ Aber ich lasse ihm die Freiheit alle anderen Wege zu gehen. Das Verbot eröffnet neue Möglichkeiten.
Die Vorgabe: ›Nimm diesen Weg!‹ hat dagegen zur Folge, dass alle anderen Möglichkeiten ausgeschlossen sind.«

Warum
habe ich manchmal Angst?

»Ich habe keine Angst!«, sagen Kinder oft trotzig, wenn sie dieses überwältigende Gefühl bestreiten wollen.
Dabei ist Angst etwas völlig Normales. Alle Menschen empfinden sie. Bestimmte Ängste sind sogar lebensnotwendig. Angst warnt vor Gefahren und löst den unmittelbaren Fluchtinstinkt aus.

Wenn Eltern für die Ängste ihres Kindes Verständnis zeigen, fühlt es sich geborgen. Aber sie sollten ihm manchmal ruhig etwas zutrauen, auch auf die Gefahr hin, dass es Niederlagen einstecken muss. Wenn ein Kind einmal scheitert, bedeutet das nicht, dass es immer scheitern wird. Und wenn ihm etwas gelingt, gewinnt es Selbstvertrauen. Das Kind braucht die Sicherheit, dass es geliebt wird, ganz egal, ob es verliert oder gewinnt. Dann wird es sich angemessen verhalten, vorsichtig oder mutig, je nachdem in welcher Situation es sich gerade befindet.

Manche kindliche Ängste haben mit realen Gefahren nicht viel zu tun, wie zum Beispiel Pauls Angst vor Monstern und Wölfen.
Solche Ängste spiegeln innere Konflikte des Kindes wider. Und trotzdem darf man nicht vergessen, dass die Gefühle, die durch diese Ängste hervorgerufen werden, sehr real sind. Man wird dem Kind nicht gerecht, wenn man sie ihm auszureden versucht. Stattdessen sollte man in einer solchen Situation einfach nur für das Kind da sein und es dadurch beruhigen.

Wie ist die Welt entstanden?

Fünfzehn Milliarden Jahre lassen sich nur mit Hilfe einer einfachen bildlichen Sprache zusammenfassen, zum Beispiel, indem Pauls Mutter behauptet, dass das Weltall am Anfang die Größe einer Orange hatte.
Die wissenschaftlichen Erklärungen können noch so präzise werden, das Beispiel vom Urknall zeigt uns, wie unfassbar der Moment des Anfangs ist.

Unweigerlich löst diese Antwort eine neue Frage aus: Und davor, was war davor?
Wir haben diese Frage einem fünfjährigen Kind gestellt. Es antwortete: »Vielleicht war davor gar nichts. Aber niemand weiß, was das war, dieses Nichts ...«
Ähnlich würden die größten Astrophysiker antworten, denn an diesem Punkt der Überlegung stellt sich die Frage nach dem »Warum«, die über das »Wie« hinausgeht.

Ist die Welt das Ergebnis eines Zufalls oder eines schöpferischen Akts? Als Erwachsener muss man sich entscheiden, ob man einem Kind den Anfang der Welt rein wissenschaftlich erklärt, ob man von Gott als Schöpfer erzählt oder ob man beides miteinander verbindet.

Wenn Kinder nach der Entstehung der Welt fragen, geht es ihnen immer auch um die eigene Herkunft.
Kann es sein, dass ich aus dem Nichts komme?
Bin ich das Produkt eines Zufalls oder ein »Wunschkind«?
Manchmal treffen eben unsere ganz persönlichen Fragen mit den Fragen der gesamten Menschheit zusammen.

Was ist ungerecht?

Kinder haben eine ganz genaue Vorstellung davon, was sie als gerecht empfinden. Oft sind sie davon überzeugt, dass alles, was sie stört oder ärgert, ungerecht ist.
Deshalb ist es erst einmal gut zu klären, was überhaupt mit Gerechtigkeit gemeint ist. Im Alter von vier bis fünf Jahren sind Kinder weit genug, dass man mit ihnen über dieses Thema sprechen kann.

In »Wie geht die Welt?« haben wir das Bild vom Kuchen gewählt. Der Kuchen, der aufgeteilt werden muss, sodass jeder das Stück bekommt, das ihm zusteht, wird im Allgemeinen als ein Bild für Gerechtigkeit verwendet.

So funktioniert das im Leben natürlich häufig nicht. Das Leben ist oft nicht gerecht. Deshalb ist es die Aufgabe jedes Einzelnen, solche Ungerechtigkeiten auszugleichen und denjenigen etwas abzugeben, denen etwas fehlt.

Gegen ungerechte Verhältnisse sollte man kämpfen und diejenigen zur Rechenschaft ziehen, die dafür verantwortlich sind. Vor allem sollte man Kindern zeigen, dass diese gerechte Ordnung wichtig ist, um uns alle zu schützen. Kinder müssen lernen, dass diese gerechte Ordnung nicht von allein entsteht, sondern dass wir uns alle dafür einsetzen müssen.

Wieso soll ich in die Schule gehen?

Diese Frage stellt ein Kind normalerweise, wenn es keine Lust hat in die Schule zu gehen.
Vielleicht fühlt es sich dort einfach nicht wohl oder es gibt ein bestimmtes schulisches Problem. Auf jeden Fall kann ein Gespräch helfen die Probleme zu lösen.
Es ist für Kinder nicht so leicht, sich an das Leben in der Gruppe zu gewöhnen, an andere Orte und Abläufe und an andere Erwachsene als seine Eltern. Wir sollten unseren Kindern aber immer wieder sagen, dass sich der Einsatz lohnt.

Die Schule ist der Ort, an dem das Kind die grundlegenden Kenntnisse und Fähigkeiten erwirbt, um sich im Leben zu entfalten. Dort kann es nach und nach entdecken, wie es gemeinsam mit anderen leben kann und was so ein gemeinsames Leben zu bieten hat.

Es erfährt den Wert von Freundschaften
und lernt über die Freunde neue interessante Hobbys kennen.
Nach einer Weile gehen die meisten Kinder gern in die Schule,
weil sie dort ihre Freunde treffen können.

Schule hat aber noch mehr zu bieten. Kinder sind von Natur aus neugierig, sie wollen vieles wissen, sich eine eigene Meinung bilden und immer selbstständiger werden.
Die Schule ist nach dem Kindergarten auch der Ort, an dem Kinder lernen sich auszudrücken. Hier werden sie in die Welt der Schrift und der Zahlen eingeführt.
Wenn Kinder die Lust und den Mut verlieren, können wir sie an all diese Vorteile erinnern.

Warum gibt es Menschen, die kein Zuhause haben?

Wenn ein Kind zum ersten Mal einen Menschen entdeckt, der auf der Straße schläft, ist es fassungslos. Sein Zuhause ist für das Kind das höchste Symbol der Geborgenheit und der Sicherheit. Die Vorstellung, dass man keinen festen Wohnsitz haben könnte, übersteigt sein Vorstellungsvermögen. Es stößt sich an zwei Fragen: »Warum ist das so?« und »Was kann man dagegen tun?«

Mit drei oder vier Jahren ist ein Kind sehr sensibel für alle Fragen, die mit der emotionalen Sicherheit zu tun haben. Wenn es entdeckt, dass manche Menschen ohne ein Dach über dem Kopf leben, wird ihm bewusst, dass jeder verletzlich ist und eines Tages alles verlieren kann.

Ältere Kinder versetzen sich nicht nur mehr oder weniger bewusst an die Stelle desjenigen, den sie beobachten, sie fragen sich auch, wie man in eine solche Situation geraten kann. Wer ist dafür verantwortlich beziehungsweise schuld daran?

An unserer Reaktion können die Kinder ablesen, wie wichtig uns Solidarität mit Menschen ist, denen es schlechter geht als uns. Die Empörung der Kinder ist aufrichtig und für die Erwachsenen manchmal auch entlarvend. Man wird der Situation nicht gerecht, wenn man die Gesellschaft als Ganzes verurteilt, weil sie nicht perfekt ist, oder sich die Verantwortung für die Situation selbst aufbürdet. Viel wichtiger ist es, diese Empörung anzuerkennen und sich miteinander eine bessere Welt auszudenken und zu verwirklichen.

Kinder stellen irgendwann fest, dass es auch bei den Menschen, die einen festen Wohnsitz haben, große Unterschiede im Lebensstandard gibt. Wir können Kinder darauf hinweisen, dass nicht jeder den gleichen Lebensstandard braucht, um zufrieden und glücklich zu sein. Der Stellenwert von Besitz und Komfort ist eine Frage der Lebenseinstellung. Trotzdem ist es in einer Gesellschaft wichtig, ärmere Menschen zu unterstützen. Jeder sollte genug zum Leben haben.

Warum gibt es
böse Menschen?

Für ein kleines Kind haben die Wörter gut und böse eine besondere Bedeutung. Gut ist der Mensch, der die Bedürfnisse des Kindes erfüllt, und böse ist der, der sie unbefriedigt lässt oder bedroht. Am Anfang des Lebens steht diese Befriedigung der Bedürfnisse im Mittelpunkt. Das Kind begreift nur sehr langsam, dass es nicht immer alles haben kann, was es will.
Erst zwischen sieben und zehn Jahren bekommt das Kind eine Vorstellung von moralischen Prinzipien. Es versteht, dass es Dinge gibt, die man tun sollte, und andere, die man lassen sollte, weil sie für die Menschen gut oder schädlich sind.

Das kleine Kind hat also noch eine eingeschränkte Vorstellung von Gut und Böse.
Man kann ihm dabei helfen, die Vielschichtigkeit der Menschen zu erkennen, indem man es zum Beispiel darauf aufmerksam macht, dass dieselbe Person einmal eher freundlich und ein anderes Mal eher unfreundlich reagiert. Schritt für Schritt lernt ein Kind so, dass sich Gut oder Böse meistens eher in Taten als in der Veranlagung zeigt. Und selbst böse Taten lassen sich

manchmal erklären, weil der andere oder man selbst aus Wut oder Verletztheit handelt. Das rechtfertigt die Taten nicht, aber es hilft einem dabei, Zutrauen zu sich und anderen zu behalten. Man sollte weder sich noch andere endgültig verurteilen. Eltern sollten ihre Kinder dazu ermutigen, anderen Menschen unvoreingenommen zu begegnen. Kinder müssen aber auch wissen, dass manche Menschen ihnen gefährlich werden können. Für solche Situationen brauchen sie klare Verhaltensregeln.

Doch sind wir überhaupt frei so zu handeln, wie wir möchten? Viele Stimmungen und Gefühle bestimmen unser Handeln. Ein Kind kann lernen, damit besser umzugehen, wenn wir es dazu ermutigen, seine Gefühle auszudrücken und Fragen dazu zu stellen. So versteht es besser, was in ihm und anderen vorgeht. Und nur dann ist es ihm möglich, den eigenen negativen und zerstörerischen Neigungen zu widerstehen und diese auch bei anderen zu erkennen und zu bekämpfen.

Hat jeder einen Papa?

Heutzutage ist es schwieriger denn je, die Stellung des Vaters, seine Identität und Rolle in der Erziehung zu definieren. Ein Kind erwartet nicht dasselbe von seinem Vater wie von seiner Mutter. Es ist der Vater, der es ihm ermöglicht, sich nach außen zu wenden und sich aus der innigen Verbindung mit der Mutter zu lösen. Deswegen ist es wichtig, dass der Vater das Kind wertschätzt und das Risiko eingeht, ihm Verantwortung zu übertragen.
Diese Aufgabe des Vaters kann auch von einem Stiefvater oder dem Partner der Mutter wahrgenommen werden. Die Mutter sollte dem Kind erklären, dass diese Person die Rolle des Vaters einnimmt.

Wenn der Vater nicht persönlich im Leben des Kindes anwesend ist, kann er symbolisch präsent sein. Auch wenn die Mutter nur von ihm spricht, sie sollte niemals schlecht über den Vater sprechen oder ihn verleugnen. Natürlich gilt dies alles umgekehrt auch für den Fall, dass der Vater allein erziehend ist.

Die Beziehung der Eltern ist für ein Kind modellhaft. Wenn der Vater sich nicht zurückzieht, sondern seinen Platz als Ehemann ebenso einnimmt wie als Vater, kennt auch das Kind seinen Platz in der Familie. Verantwortungsbewusste Eltern, mit denen sich die Kinder identifizieren können, helfen beim Erwachsenwerden.

Wie ist das mit dem Tod?

Kinder sprechen sehr früh vom Tod. Sie sehen, dass Tiere sterben, Pflanzen verwelken. Sie erfahren aus Büchern oder dem Fernsehen von Helden oder normalen Menschen, die sterben, oder sie begegnen dem Tod in ihrer direkten Umgebung.
Der Tod ist Teil des Lebens und beschäftigt Kinder. Man kann und sollte mit Kindern über den Tod sprechen. Es ist falsch zu denken, dass man sie beschützt, indem man es vermeidet. Ungesagtes und Schweigen erzeugen viel eher Ängste, denn ein Kind wird zu diesem für ihn wichtigen Thema auf jeden Fall seine eigenen Theorien entwickeln.
Alles was lebt, stirbt. Kinder erkennen diesen Kreislauf von Werden und Vergehen in der Natur sehr deutlich. Ungefähr im Alter von fünf Jahren verstehen sie, dass der Tod endgültig ist. Es ist unvermeidbar, dass das Angst hervorruft. Die einzige Möglichkeit, diese Angst zu überwinden, ist, immer wieder mit dem Kind über den Sinn des Daseins zu sprechen.

Kinder haben nicht die gleichen Fragen wie die Erwachsenen. Sie interessieren sich oft für ganz konkrete Fragen im Zusammenhang mit dem Tod. Sie möchten wissen, was mit der beerdigten Leiche passiert, wie sie zu Staub wird, ob sie von kleinen Tieren und Insekten gefressen wird. Sie beschäftigen sich mit all den Dingen, über die wir lieber nicht nachdenken würden. Als Erwachsener ist man versucht diese Fragen zu übergehen. Für Kinder aber sind sie wichtig, weil sie sich nur dann die Welt erklären können.

Es ist unvermeidlich, dass sich ein Kind irgendwann über den Tod seiner Eltern Gedanken macht. Vielen Kindern hilft die Auskunft, dass das zwar passieren kann, es aber sehr selten ist, schon so früh zu sterben. Ein Kind muss sicher sein können, dass, egal was passiert, immer jemand da sein wird, der sich um es kümmert. Es ist nicht entscheidend, alle Fragen zu diesem schwierigen Thema beantworten zu können. Erwachsene sind viel glaubwürdiger, wenn sie auch einmal zugeben können, dass sie etwas nicht wissen. Je aufrichtiger man ist, umso wahrhaftiger wird auch die Beziehung zum Kind.

Matthieu de Laubier, Marie Aubinais, Gwénaëlle Boulet, Catherine Proteaux
Wie geht die Welt?
Aus dem Französischen von Jeanette Randerath

ISBN 10: 3 522 30087 4
ISBN 13: 978 3 522 30087 2

Die Originalausgabe erschien unter dem Titel
Gaston, le petit garçon, qui n'arrêtait pas de poser des questions
bei Bayard Editions Jeunesse, Paris
© 2004 Bayard Editions Jeunesse
Einband- und Innenillustrationen: Catherine Proteaux
Einbandtypografie: Michael Kimmerle, Stuttgart
Texttypografie: Marlis Killermann, Winnenden
Schrift: Klepto, Chinacat und Rotis serif
Druck und Bindung: Grafisches Centrum Cuno, Calbe
Lektorat: Katharina Ebinger, Kathrin Rau
© der deutschsprachigen Ausgabe
2006 by Gabriel Verlag
(Thienemann Verlag GmbH), Stuttgart/Wien
Printed in Germany. Alle Rechte vorbehalten.

5 4 3 2 1* 06 07 08 09

www.gabriel-verlag.de